UN DÉCRET

DE LA

Sacrée Congrégation des Rites

RENDU DANS LE PROCÈS DE BÉATIFICATION

de la

Vénérable JEANNE DE LESTONNAC.

INCIDENT

Entre le journal l'UNIVERS

Et M. l'Abbé SABATIER,

Doyen de la Faculté de Théologie de Bordeaux.

BORDEAUX,

IMPRIMERIE DE J. DUPUY ET COMP., RUE GOUVION, 20.

1858

[illegible]

[illegible]

[illegible]

[illegible]

[illegible]

[illegible]

[illegible]

UN DÉCRET
de la Sacrée Congrégation des Rites,

rendu

DANS LE PROCÈS DE BÉATIFICATION

de la

VÉNÉRABLE JEANNE DE LESTONNAC

INCIDENT

Entre le journal l'UNIVERS

et M. l'Abbé G. SABATIER,

Doyen de la Faculté de Théologie de Bordeaux.

I.

En 1843 je fis paraître une brochure de 68 pages in-8°
portant ce titre : — *Considérations critiques pour servir
à l'histoire de l'Ordre de Notre-Dame et à la vie de
Mme de Lestonnac, sa fondatrice.*

Cette publication, fruit d'études sérieuses et de recherches prolongées qu'une double mission m'avait im-
posées, reçut le jour dans des circonstances exception-
nelles et déplorables que le lecteur ne tardera pas à
connaître.

1858

Par des motifs qu'il lira en leur lieu, cet opuscule inspira des craintes sur le succès du procès de béatification de la vénérable Mme de Lestonnac qu'alors on désirait poursuivre en cour de Rome, et que l'on poursuit aujourd'hui.

C'est sous l'inspiration de cette crainte que le Postulateur de la cause sollicita et obtint du Souverain Pontife un Bref en vertu duquel la Sacrée Congrégation des Rites était *extraordinairement* investie de la mission d'examiner et de déclarer si ma publication, par son contenu, n'enlevait pas aux historiens et à la tradition, seules autorités à interroger dans la cause, la sécurité sans laquelle on ne pouvait les prendre pour bases dans l'instruction des procès futurs.

Le doute posé à ce sujet par le Promoteur et par le Postulateur a été résolu le 8 août dernier par la Sacrée Congrégation, dans un sens favorable à la cause. — En voici le texte :

DECRETUM.

Burdigalensis causa beatificationis et canonizationis venerabilis servæ Dei Joannæ de Lestonnac, fundatricis congregationis monialium filiarum Beatæ Mariæ Virginis.

Feliciter absolutis in Sacrorum Rituum Congregatione judiciis super introductione causæ Ven. servæ Dei Joannæ de Lestonnac, super cultu eidem nunquam præstito, ac super fama sanctitatis in genere, expeditisque litteris remissorialibus et compulsorialibus ad construendam inquisitionem auctoritate apostolica super virtutibus et miraculis in specie ejusdem venerabilis ancillæ Dei, sacerdos burdigalensis Germanus Sabatier, anno MDCCCXLIII, libellum edidit inscriptum : « *Considérations critiques pour servir à l'histoire de l'ordre de Notre-Dame et à la vie de Mme de Lestonnac,* » in quo duplex hujus causæ fundamentum historiam scilicet et traditionem subruere conatus est. Quum ancilla Dei supremum diem obierit anno 1640, ejus profecto causæ instruendæ, utpote necessario destitutæ testibus oculatis et auritis primi gradus, non alia præsto esse possunt subsidia quam historia et traditio. Istarum itaque fide in dubium revocata, illico sensit R. D. Jacobus Canonicus Estrade cubicularius honorarius Sanctissimi Domini Nostri **PII PAPÆ IX**, causæ postulator necessitatem impositam sibi fuisse argumenta a Sabatier objecta penitus diluendi si suum causæ fixum immotumque perstare vellet fundamentum, et quæstioni de virtutibus expeditam sternere viam. Ratus hinc judicio de virtutibus præmittendam esse veluti præliminarem discussionem de vi argumentorum a Sabatier in suo libello conjectorum a Sanctissimo Domino Nostro **PIO PAPA IX**. XI kalendas junii MDCCCLVI impetravit, ut in Congregatione Sacrorum Rituum ordinaria cum voto Prælatorum Officialium expenderetur sequens Dubium eum R. P. D. Sanctæ fidei promotore antea concordatum. « *An historicis et traditioni A. R. D. Sabatier impetitis ita fides et auctoritas constet, ut ejusdem animadversionibus plane sepositis, tuto procedi possit ad ulteriora in futuro judicio de virtutibus?* » In Ordinariis porro Comitiis Sacrorum Rituum hodierna die ad Vaticanum coadunatis quum subscriptus Cardinalis Sacrorum Rituum Congregationi præfectus hujus causæ relator ejusmodi dubium proposuerit, Sacra eadem Congregatio, re plene matureque discussa, auditoque voce ac scripto R. P. D. Andrea Maria Frattini sanctæ fidei promotore rescribendum censuit *affirmative*. **Die XI augusti MDCCCLVIII.**

Facta autem de præmissis eidem Sanctissimo Domino per

infra scriptum secretarium fideli relatione, Sanctitas Sua rescriptum Sacræ Congregationis ratum habere et confirmare dignata est die XIX ejusdem mensis et anni.

C. Episcopus Albanensis Cardinalis Patrizi,
Sacrorum Rituum Congregationi Præfectus.

Loco † *Signi.* H. Capalti, *S. R. C. Sec.*

II.

L'Univers a inséré ce rescrit dans son numéro du 8 septembre, en l'accompagnant d'une traduction et de quelques observations que je reproduis.

DÉCRET.

Cause Bordelaise de béatification et canonisation de la vénérable servante de Dieu Jeanne de Lestonnac, fondatrice de la Congrégation des Religieuses, Filles de Notre-Dame.

Les jugements sur l'introduction de la cause de la vénérable servante de Dieu Jeanne de Lestonnac, près de la Congrégation des Rites sacrés, sur le non culte, sur la réputation de sainteté en général, étaient heureusement accomplis, les lettres rémissoriales et compulsoriales pour instruire par autorité apostolique le procès de vertus et miracles en particulier de ladite vénérable servante de Dieu, avaient été expédiées, lorsque le prêtre bordelais Germain Sabatier, en l'an 1843, publia un libelle intitulé : *Considérations critiques pour servir à l'histoire de l'ordre de Notre-Dame et à la vie de M*^me^ *de Lestonnac,* dans lequel il s'efforçait de détruire le double fondement de cette cause, c'est-à-dire l'histoire et la tradition.

Or, comme la servante de Dieu est morte en 1640, il ne peut y avoir d'autres preuves pour soutenir sa cause, privée nécessairement des témoignages oculaires et auriculaires du premier degré, que l'histoire et la tradition. Aussi, à peine celles-ci furent-elles mises en doute, que le postulateur de la cause, le Rév. D. Jacques Estrade, chanoine et camérier d'honneur de S. S. notre seigneur le Pape Pie IX, sentit la nécessité qui lui était imposée de renverser les arguments objectés par Sabatier, s'il voulait conserver ferme et inébranlable le fondement de la cause et poursuivre la voie ouverte sur la question des vertus.

D'où, concluant qu'il importait de faire précéder le jugement des vertus d'une discussion particulière sur la valeur des arguments accumulés par Sabatier dans son libelle, il obtint de S. S. notre seigneur le Pape Pie IX, le 11 des calendes de juin 1856, que dans la Congrégation des Rites sacrés, par le vote des prélats officiels, on examinât le doute suivant, formulé d'accord avec le Rév. P. promoteur de la foi : *Si la foi et l'autorité des historiens et de la tradition, attaquées par le Rév. D. Sabatier, sont néanmoins tellement certaines que ses animadversions étant pleinement écartées, on peut en toute sécurité procéder aux actes ultérieurs pour le jugement futur des vertus.*

En suite de quoi le soussigné Cardinal préfet de la Congrégation des Rites sacrés, rapporteur de cette cause, ayant aujourd'hui proposé à la Congrégation ordinaire, réunie au Vatican, le doute ci-dessus énoncé, ladite Sacrée Congrégation, examinant pleinement et en toute maturité la question, après avoir entendu verbalement et par écrit le Rév. P. D. André-Marie Frattini, promoteur de la foi, a jugé devoir répondre : *Affirmativement*, le 14 août 1858.

Le rapport fidèle de ce qui précède ayant été fait à notre Très-Saint-Père par le Secrétaire soussigné, Sa Sainteté a

daigné approuver et confirmer le rescrit de la Sacrée Congrégation, le 19 de ces mêmes mois et année.

C., ÉVÊQUE D'ALBANO, CARDINAL PATRIZI,
préfet de la Congrégation des Rites sacrés.
H. CAPALTI, S. R. C., *secrétaire.*

Il est donc désormais incontestablement établi que les
historiens de la vénérable nièce de Montaigne et la tradition de ses vertus héroïques conservée dans son ordre,
portent les caractères de certitude exigés par l'Eglise. Il est
incontestablement établi que les fondements de cette cause
de béatification, attaqués par le travail de **M.** le chanoine
Sabatier, demeurent inébranlables, et que, par conséquent,
les allégations portées dans le livre en question contre les
Filles de Notre-Dame sont dénuées de vérité. C'est ainsi
que ces respectables religieuses sont consolées de leurs
peines et récompensées de leur fidélité à conserver intact
le dépôt précieux des règles et de l'esprit de leur fondatrice.

III.

Les inexactitudes nombreuses et surprenantes qu'offre
cette traduction, et les réflexions à titre de conclusions
qui la suivent, ne tendent à rien moins, en dénaturant le
sens littéralement offert par le texte latin, qu'à donner
à cette décision du Tribunal sacré une portée ignominieuse pour mon travail et blessante pour ma personne.

C'est ainsi que se trouvent traduits les mots *sacerdos
burdigalensis Germanus Sabatier,* par ceux-ci, d'une

impolitesse plus que douteuse : *le prêtre bordelais Germain Sabatier*. Pour le traducteur, *libellus* veut dire *libelle;* — *animadversionibus* se traduit par *animadversions;* — *planè sepositis* par *pleinement écartées;* — *tutò* par *en toute sécurité*.

Avec une semblable appréciation du Rescrit, M. Barrier pouvait se montrer empressé de féliciter les respectables religieuses de Notre-Dame, que cette décision venait de consoler de leurs peines et récompenser de leur fidélité à conserver intact le dépôt précieux des règles; — point cependant que n'a pas décidé la Sacrée Congrégation, et qu'aujourd'hui, plus que par le passé, je suis autorisé à nier; et cela sans craindre que cette appréciation historique me mette en contradiction avec le Rescrit intervenu.

Me plaisant à ne voir dans cette malencontreuse et mauvaise traduction qu'un fait involontaire, je me crus, tout d'abord, suffisamment justifié par l'insertion des lignes suivantes dans *la Guienne*, journal de Bordeaux :

Bordeaux, le 10 septembre 1858.

MONSIEUR LE DIRECTEUR,

Vous avez inséré dans votre numéro de ce jour un décret de la Sacrée Congrégation des Rites, auquel a donné lieu une brochure publiée par moi en 1843.

Je ne me serais certes pas cru autorisé à vous adresser la plus légère réclamation, si quelques expressions inexactes du traducteur ne m'en avaient dicté la nécessité. C'est ainsi, en particulier, que le mot latin *libellus* qui signifie *petit livre* ou *mémoire,* a été malencontreusement traduit par le mot *libelle*.

Permettez-moi de profiter de l'occasion, pour faire observer à vos lecteurs que la publication dont il est ici question, est le résultat d'une mission qui m'avait été confiée, et que d'ailleurs elle ne m'a été inspirée que par le désir de servir les intérêts de la religion en servant ceux de la vérité. Je me réjouis de ce qu'après l'examen solennel dont elle a été l'objet à Rome, il a été décidé qu'elle n'était point par elle même un obstacle à l'instruction de la cause de la béatification de la vénérable Mme de Lestonnac.

J'ai l'honneur, etc.

L'abbé G. Sabatier.

IV.

J'avais espéré que cette expression si réservée de mon juste mécontentement serait connue de M. Barrier; qu'elle lui suffirait pour l'éclairer sur les graves erreurs qu'il avait commises; et que, par suite, il se hâterait de les réparer. Il n'en était rien le 16 septembre.

En attendant, trop confiants dans le talent du traducteur, quelques journaux de la capitale et des départements, qui ne voulaient qu'en substance reproduire le Rescrit, me signalaient comme un *libelliste* dont l'œuvre déloyale venait de recevoir à Rome une ignominieuse répulsion, ou, pour parler plus exactement, une dégradante condamnation.

Alors je crus devoir adresser au Directeur-gérant de *l'Univers* la lettre suivante :

A M. Eugène Taconet, propriétaire-gérant du journal
*l'*UNIVERS.

MONSIEUR,

Dans son numéro du 8 du courant, l'*Univers* contient un rescrit de la Sacrée Congrégation des Rites récemment rendu dans la cause de béatification de la vénérable Mme de Lestonnac et auquel a donné lieu une brochure de soixante-huit pages que j'ai publiée en 1843.

Ce rescrit, lu dans son texte original, ne renferme pas une seule expression qui autorise le plus léger doute sur la portée, la loyauté et l'honnêteté de mon travail. S'il en était autrement, il ne lui eût point été fait à Rome l'accueil qu'il a reçu, et ce ne serait pas à un tribunal aussi solennel que celui de la Sacrée Congrégation des Rites que l'examen en eût été si *exceptionnellement* confié.

Saisie de ma publication, la Sacrée Congrégation n'avait à résoudre qu'un doute proposé par le promoteur de la foi et le postulateur de la cause ; et ce doute n'est autre que celui que j'ai posé moi-même en terminant ma brochure, dont il détermine l'objet et fixe le but.

Qu'a décidé l'auguste tribunal ? Une seule chose : c'est qu'en réservant pleinement les faits contestés par moi à l'aide des documents inédits que d'heureuses recherches, faites avec une double mission, m'avaient fait découvrir dans les archives de l'archevêché (*ejusdem animadversionibus planè sepositis*), la foi et l'autorité des historiens et de la tradition sont néanmoins tellement certains (*an historicis et traditioni à Rcv. D. Sabatier impetitis ita fides et auctoritas constet*), qu'on peut avec sécurité procéder (*tutò procedi possit*) aux actes ultérieurs pour le jugement futur des vertus (*ad ulteriora in futuro judicio de virtutibus*).

Rien donc n'a été, par la Sacrée Congrégation, statué sur

la vérité de mes affirmations et de mes dénégations historiques. Sur ce point, elle aura à se prononcer en temps utile;
et alors elle saura sûrement discerner dans mes dires et dans
ceux des historiens, l'ivraie du bon grain.

Dans ces conditions qui sont la réalité, l'enquête faite par
la Sacrée Congrégation et son rescrit honorent évidemment
mon travail au lieu de le flétrir.

Mais malheureusement, monsieur, ce rescrit a été traduit
par un de vos collaborateurs; et sa traduction, faite avec une
imperfection qui étonne et avec une inexactitude qui attriste,
n'a pu, et le fait le confirme, que laisser vos lecteurs et ceux
des journaux qui en ont reproduit les termes, convaincus
que mon œuvre, toute de zèle pour les intérêts de l'Eglise et
de dévouement pour ceux de la vérité, n'est qu'un acte de
déloyauté et de mensonge ; car ils n'ont pu voir dans l'auteur
qu'un misérable libelliste ou un faiseur de pamphlets calom-
nieux ; et cela parce que M. Barrier a cru pouvoir, très-im-
poliment d'ailleurs , traduire ces mots : *Sacerdos Burdigalensis Germanus Sabatier libellum edidit*, par ceux-ci :
Le prêtre bordelais Germain Sabatier publia un libelle.

Est-il bien possible d'admettre que votre collaborateur n'a
pas su que le mot latin *libellus*, qui ne signifie autre chose
que *brochure, opuscule*, etc., n'a jamais signifié *libelle?* A cet
égard, je renvoie M. Barrier à sa conscience.

Ainsi, monsieur, par le fait d'une ignorance tout aussi
surprenante qu'elle est déplorable, votre collaborateur a ap-
pelé d'un bout de France à l'autre, je pourrais dire peut-être
dans le monde catholique, l'ignominie et l'opprobre sur ma
personne. Charitablement j'éloigne la pensée qu'il y a eu de
sa part une intention réfléchie et calculée ; car alors, la diffa-
mation dont je me plains aurait criminellement cherché un
auxiliaire dans la sacrilége falsification d'un Rescrit de
Rome.

Sûrement, monsieur, vous appréciez, avec la gravité de l'offense qui m'a été faite, l'obligation qui vous est rigoureusement imposée d'essayer au moins de la réparer. La religion, dont vous vous proclamez hautement les défenseurs, et dont le sacerdoce sauvegarde avant toute autre institution, même catholique, les intérêts sacrés ; la justice, qui oblige tout homme à réparer le mal qu'il a fait ; l'honneur, dont le premier sentiment est de respecter l'honneur des autres, tout, monsieur, vous en fait un devoir.

Vous ne sauriez être surpris de voir un prêtre qui compte plus de trente années de sacerdoce et qui occupe au sein du clergé et dans l'enseignement une position que la considération publique et l'estime de ses confrères doivent toujours entourer, se montrer jaloux et soucieux de conserver sa réputation pure et intacte, surtout de ne pas en faire le sacrifice à l'ignorance d'un traducteur.

Hélas ! monsieur, combien il est regrettable que par une aussi inopportune hostilité vous m'ayez créé la nécessité de dire bien haut les circonstances inouïes qui ont précédé et accompagné la publication de mes *Considérations critiques*. Permettez-moi de vous assurer qu'il y a eu dans le silence que j'ai gardé à cet égard, une abnégation de moi-même qu'ont louée et admirée peut-être ceux qui, en petit nombre, connaissent l'affaire.

Depuis 1834, je suis fidèle et ferme au poste que la Providence et d'augustes volontés m'ont assigné, et ce ne sera pas, croyez-le bien, monsieur, devant des armes d'aussi mauvais aloi que celles que votre collaborateur a employées, que je déposerai celles que j'ai en mains depuis vingt-quatre ans.

L'outrage dont je me plains est grand, et l'insertion de ma lettre dans votre seul journal n'en saurait procurer une suffisante réparation. J'examinerai donc devant Dieu ce qui

me reste à faire pour venger mon honneur, et en attendant,
je vais donner toute la publicité possible à cette expression
de mes sentiments.

J'ai l'honneur d'être, avec une considération distinguée,
monsieur, votre humble et obéissant serviteur.

L'abbé G. SABATIER.

V.

La lettre à l'*Univers* que l'on vient de lire me justifiait
suffisamment, mais je tenais à prouver et l'opportunité et
la moralité de mon opuscule ; c'est dans ce but que j'a-
dressai à M. Barrier et à deux journaux de Bordeaux, qui
l'ont inséré, l'historique qui suit :

Bordeaux, le 17 Septembre 1858.

MONSIEUR,

Ma lettre à l'*Univers* que vous avez bien voulu insérer
dans vos colonnes, renferme une promesse ou, pour parler plus exactement, un engagement que je viens remplir. Irréprochable dans son objet, ma publication ne l'est
pas moins au point de vue des motifs qui l'ont inspirée.
J'en offre aujourd'hui la preuve.

L'exposé rapide que je vais faire des circonstances qui
ont précédé et accompagné la publication de mon opuscule, ne saurait me dispenser d'un travail plus riche en
détails ; mais cette dernière et plus complète manifestation des faits et de mes pensées ne me paraît nullement

commandée par les besoins spéciaux de ma justification.

Dès 1834, M. l'abbé Trinchant, Postulateur en cour de Rome de la cause de béatification de la vénérable Mme de Lestonnac, m'avait écrit que j'allais être accrédité en qualité de Postulateur auprès de la Commission qu'on ne tarderait pas d'instituer à Bordeaux pour instruire, par autorité apostolique, le procès des vertus et des miracles. Cet honorable ecclésiastique profitait de la circonstance pour me rappeler que mon premier devoir en cette qualité était de compulser tous les monuments et toutes les traditions qui pouvaient se rattacher à cette cause. En même temps, Mgr de Cheverus me chargeait de donner au public une vie de Mme de Lestonnac.

Dans ce double but, je fis des recherches qu'un succès inattendu ne tarda pas à couronner. — Dans les archives de l'Archevêché existaient des titres ou manuscrits se rattachant aux actes de la fondation de l'ordre de Notre-Dame, et dont l'authenticité excluait jusqu'à l'ombre du plus léger doute. Les historiens de l'Ordre et ceux de sa vénérable fondatrice, dont pas un seul n'a écrit à Bordeaux où se sont accomplis les principaux faits qu'ils racontent, en ont au moins ignoré l'existence, et, par suite, sont tombés dans des erreurs dont quelques-unes ont une portée grave.

Le contenu de ces documents inédits fit concevoir des craintes sur le succès de la cause ; car, alors même qu'ils ne renfermaient rien qui fît ombrage aux vertus de Mme de Lestonnac, l'autorité des écrivains et de la tradition qui, seuls, peuvent en témoigner, pouvait être ébranlée.

Tous ceux dont je secondais alors les désirs partagè-
rent mes appréhensions, qui donnèrent successivement
lieu à plusieurs mesures que je crois utile de rappeler.

Tout d'abord, la publication de la vie que j'avais annoncée à l'Ordre fut indéfiniment ajournée, et au moment
même où elle allait être livrée à l'imprimeur. Je fis connaître à l'Ordre les motifs de cette détermination.

En même temps je rédigeai un rapport qui fut imprimé
en 1835, avec approbation et autorisation de Mgr de Cheverus. — Dans ce rapport, adressé à M. Trinchant et
communiqué à l'Ordre tout entier de Notre-Dame, je
m'exprimais ainsi :

« Je ne doute pas qu'après avoir lu avec attention le
» rapport que j'ai l'honneur de vous adresser, vous ne
» gémissiez comme moi sur la facilité avec laquelle les
» historiens ont successivement adopté des faits qu'au-
» raient démentis des documents puisés à la source la
» plus naturelle, et dont l'ignorance est cause qu'ils n'ont
» fourni avec exactitude à l'Ordre de Notre-Dame, ni
» l'histoire de sa fondation ni la vie de sa bienfaitrice. »

Ce premier rapport eût été suivi d'un second, si l'importance grave de ces documents, chaque jour plus ap-
préciés, n'eût pas fait juger qu'il serait plus sage et utile
de les faire textuellement imprimer. — Par ce motif fut
créée une publication portant ce titre : *Recueïl de titres
et documents certains pour servir à l'histoire de la fondation de l'Ordre de Notre-Dame, et à la vie et instruction de la cause de la vénérable Mme de Lestonnac,
fondatrice dudit Ordre.*

Ce recueil fut divisé en quatre parties, et les deux

premières furent publiées en 1835, avec approbation de Mgr de Cheverus (1).

Il fut, de plus, décidé que la demande de la reprise d'instance serait ajournée jusqu'à ce que tous les documents auraient été, par la voie de l'impression, communiqués à toutes les maisons de l'Ordre, et avant tout à la Sacrée Congrégation des Rites. C'est ainsi qu'en demandant à cet auguste Tribunal, après en avoir complètement éclairé la Religion, une règle de conduite, on rendait tout à la fois hommage aux lois si sages de l'Eglise sur cette matière et aux droits imprescriptibles de la vérité.

M. Trinchant mourut et fut remplacé dans sa mission de Postulateur par le R. P. Vaures, qui m'écrivait, le 24 février 1837 : « On m'a dit que vous aviez trouvé des » pièces importantes dans les archives de l'Archevêché » de Bordeaux ; quoique ces pièces paraissent contraires, » dit-on, à l'avancement ou progrès de la cause, veuillez » me mettre au courant de tout. » C'est ce que je fis, en engageant ce très-vénérable religieux à rechercher les

---

(1) Voici le texte de cette approbation : — « Permettons à M. l'abbé » Sabatier, missionnaire apostolique et chanoine honoraire de Vi- » viers, de publier les titres et documents authentiques relatifs à » l'Ordre de Notre-Dame, que d'actives recherches lui ont fait dé- » couvrir dans les archives de notre Archevêché.

« Nous délivrons la présente autorisation avec l'entière persuasion » que, justes appréciatrices du haut intérêt de cette publication » pour la plus grande manifestation de la vérité, la gloire de l'Ordre » de Notre-Dame et l'heureux succès de la cause de leur vénérable » fondatrice, toutes les maisons de Notre-Dame l'accueilleront avec » joie et reconnaissance. »

L'attitude que Mgr de Cheverus prit dans cette affaire est caracté- risée par ces paroles qui sont de lui :—« La vérité tout d'abord ; une » sainte après, si la vérité le permet. »

dix exemplaires des deux premières parties du recueil déjà publiées, qui, par une voie jugée sûre, avaient été envoyés à l'ancien Postulateur.

Après d'autres lettres, toujours relatives à l'affaire, M. Vaures m'annonçait, le 3 novembre même année, à son tour, que dans peu de temps je recevrais les lettres apostoliques pour les procès des vertus qui devaient être instruits à Bordeaux.

Le 10 janvier 1838, les lettres apostoliques qui m'avaient été annoncées ne m'étaient point encore parvenues, et je n'entendis plus parler de cette affaire, si ce n'est pour apprendre que la cause était confiée à d'autres mains, et qu'il ne serait, dans les informations à faire à Bordeaux, tenu aucun compte des documents dont j'avais signalé l'existence et fait pressentir la portée.

Des doutes injurieux pour moi ne tardèrent pas à circuler. Ces documents existaient-ils bien réellement ?.... — De nouvelles recherches me les firent retrouver dans le lieu où ils s'étaient égarés. L'attention que j'avais eu de relier en plusieurs cahiers les titres épars, en rendait la conservation plus facile.

Le 25 septembre 1840, l'avocat Rosatini vint de Rome à Bordeaux pour diriger les opérations de l'enquête que le Souverain Pontife venait d'ordonner. Instruit du motif de sa présence, j'eus l'honneur d'écrire à Mgr l'Archevêque une lettre dans laquelle, après avoir rappelé à Sa Grandeur le résultat des recherches faites avec mission sous son illustre prédécesseur, je demandais à faire partie du tribunal ou, au moins, à être entendu comme témoin.

Je n'affirme rien sur les motifs qui firent renoncer aux opérations projetées. M. l'avocat Rosatini repartit pour Rome pour ne reparaître à Bordeaux qu'à la fin de décembre 1842.

A cette époque, la Commission apostolique fut constituée, et elle ne tarda pas à ouvrir l'enquête confiée à sa sollicitude et à son zèle.

MM. les Membres qui la composaient ne se crurent point obligés d'accepter, et moins encore de rechercher ce qui pouvait être défavorable à la cause. Aussi, obéissant à l'influence de cette déplorable illusion, non-seulement ils se refusèrent à compulser les documents inédits dont je me hâtai de leur redire l'existence et de vive voix et par écrit; mais encore ils ne se crurent point obligés de m'entendre comme témoin; malgré les trois lettres que j'eus l'honneur de leur écrire à ce sujet.

Telles sont les conditions dans lesquelles mon travail fut fait. — On comprend, dès-lors, que toute sa raison d'être est dans l'indifférence pour la vérité de ceux qui avaient reçu du Saint Siége mission de la rechercher et de la protéger (1).

---

(1) Mon but, en faisant ce travail critique, n'était point d'écrire ou l'histoire de l'Ordre de Notre-Dame ou celle de sa vénérable fondatrice; mais bien de placer *forcément*, sous les yeux des juges, des éléments de la cause qu'ils repoussaient.

Je dus donc me contenter de signaler les contradictions que les historiens offrent et les oppositions qui existent entre leurs témoignages et ceux des documents inédits. En me taisant sur un grand nombre de faits racontés par les historiens, je n'ai certes pas entendu les affirmer et bien moins encore les nier.

Voici la dernière lettre que j'écrivis à M. le président de la commission; elle est à la date du 10 mars :

Je me hâte de rendre à la haute sagesse de Mgr Donnet, archevêque de Bordeaux, l'hommage qui lui est dû. Sa Grandeur accepta l'enquête qu'elle n'avait point sollicitée, s'abstint de prendre personnellement part aux travaux de la Commission, et exprima plus d'une fois la douloureuse surprise que lui procurait la marche si peu régulière imprimée à cette affaire.

La Commission avait accepté avec une confiance trop aveugle les règles de conduite que l'avocat Rosatini avait substituées aux admirables prescriptions de l'Eglise.

Le travail que je fis alors pour la défense de la vérité délaissée ne fut imprimé que parce que l'impression seule me permettait de disposer du nombre d'exemplaires suffisant pour le communiquer aux personnes qui avaient intérêt à le connaître. — Du reste, le petit nombre d'exemplaires qui fut tiré ne pouvait pas constituer une publicité réelle.

Les premiers exemplaires sortis de mes mains furent, par Mgr l'Archevêque de Bordeaux, distribués aux membres de la Commission, qui m'en accusèrent réception par l'organe de leur président. J'en adressai aussi quelques exemplaires à Rome, pour être déposés aux pieds du Souverain Pontife ou dans les dossiers de la Sacrée Con-

---

« Monsieur le Président, vous ne recevrez de moi aucune nouvelle » communication ; les intérêts de la vérité le veulent. Cependant, » loin de fuir le terrain de la lutte j'y raffermis mes pieds ; je ne veux » point voir un ennemi de l'Eglise s'emparer de la position que vous » lui faites et se servir des armes que vous lui créez. »

Un ministre protestant me disait, quelque temps après ma publication : — « *Vous nous avez, M. l'abbé, brisé la plume dans les* » *doigts.* »

grégation des Rites ; et Son Éminence le Cardinal Fieschi, pour lors grand maître de la Chambre, daigna me faire savoir par l'honorable ecclésiastique qui s'était chargé d'en faire la remise entre ses mains, que j'avais à continuer mes recherches et à en faire connaître directement au Pape les résultats (1).

L'enquête si irrégulièrement instruite à Bordeaux fut annulée dans la première séance que la Sacrée Congrégation des Rites tint pour en constater le contenu. Plus tard de nouvelles informations furent autorisées à Poitiers.

La nouvelle Commission apostolique dont Mgr de Poitiers présida les opérations, se hâta d'ordonner ma comparution comme témoin, et prescrivit le dépôt dans son dossier d'une copie textuelle, intégrale et certifiée authentique, de tous les documents cités dans mon opuscule.

Le but que je m'étais proposé par ma publication était

---

(1) Profitant de la même occasion, j'écrivais à S. Em. le cardinal Maï la lettre suivante :

» Eminence, Je remplis un devoir en vous renouvelant l'expres-
» sion de la plus respectueuse et de la plus vive reconnaissance pour
» l'accueil si bienveillant et si flatteur que deux fois vous avez dai-
» gné me faire. La crainte d'être importun m'a seule empêché de le
» faire plus souvent.

» Deux ecclésiastiques, dont l'un est mon collègue à la Faculté de
» Théologie m'en offrent une occasion que je saisis avec le plus
» grand empressement. — Je charge ce dernier de déposer entre les
» mains de Votre Eminence deux exemplaires d'une publication que
» l'intérêt de la vérité et celui de l'Eglise m'ont commandée. Peut-
» être serait-il important que les circonstances qui lui ont donné lieu
» fussent connues de votre Eminence ; dans ce cas, cet ami se ferait
» un devoir de vous les exposer. »

atteint, et si alors elle n'avait point existé, elle n'aurait eu évidemment aucune raison de paraître. A tout point de vue, les droits de la vérité étaient irrévocablement sauvegardés, et il n'y avait pas jusqu'à mes appréciations personnelles qui ne fussent, pour valoir ce que de droit, acquises au dossier par les procès-verbaux de mes dépositions faites sous la foi du serment. Les règles tracées par l'Église avaient été suivies.

Les craintes conçues dans le passé n'en existaient pas moins. Mgr Estrade, nouveau Postulateur, pouvait difficilement ne pas les partager. Aussi conçut-il un projet que j'approuvai grandement et dont j'ai de mon mieux, depuis deux ans, secondé la réalisation et le succès. — Le Souverain Pontife fut supplié d'autoriser exceptionnellement la Sacrée Congrégation des Rites à faire précéder les procès relatifs aux vertus de la vénérable Mme de Lestonnac par un examen de mon opuscule au point de vue du degré d'influence qu'il pouvait exercer sur l'autorité des historiens et de la tradition.

Le Rescrit de la Sacrée Congrégation est connu, et ainsi se trouve résolu par l'Autorité dont j'appelais la décision, le doute qui termine ma brochure. Cette décision, tout en répondant en moi à un sincère désir, dissipe une crainte que je ne concevais pas seul.

J'adhère avec d'autant plus d'empressement à cette décision, que je n'ai jamais positivement soutenu le contraire dans les lignes qui la provoquent sans la fournir. Mais, en fût-il autrement, je n'en adhérerais pas moins pleinement au Rescrit de la Sacrée Congrégation ; et cela, sans repentir aucun d'avoir partagé et exprimé une con-

viction contraire, conviction qui n'aurait eu son principe
que dans la bonne foi la plus entière et dans le zèle le
plus pur pour les intérêts de la vérité, conviction qui,
quoique erronée, n'en aurait pas moins mérité à mon
travail l'examen solennel dont il a été l'objet et contri-
bué à éclairer la cause d'un jour plus grand. Ai-je eu
tort de dire que le Rescrit de la Sacrée Congrégation,
loin de flétrir ma brochure l'honore?

De ce Rescrit on ne saurait conclure que ce qu'il
contient. Or, son texte n'autorise nullement à dire que
mes affirmations sont des mensonges et mes dénégations
des erreurs; car cette accusation retomberait de tout
son poids sur les témoins jusqu'ici muets dont j'ai fait
entendre le témoignage, et parmi lesquels figure Mme de
Lestonnac elle-même; puisque celui de tous ces documents qui occupe le premier rang, est l'histoire de la fondation de l'Ordre de Notre-Dame, écrite par la Commu-
nauté de Bordeaux cinq ans avant la mort de sa vénérable Fondatrice.

Non, la Sacrée Congrégation des Rites n'a point décidé que ce que ces témoins déposent à l'encontre du
dire des historiens est faux!

Non, la Sacrée Congrégation des Rites n'a point décidé
que tout ce que les historiens racontent est vrai!

Tous ces témoignages seront, par ce Tribunal sacré,
pesés dans la balance de la vérité, et sûrement, comme
je l'ai déjà dit dans ma lettre à *l'Univers,* elle saura en
tout et partout discerner l'ivraie du bon grain.

Un jour, un jugement définitif sera porté... Si je vis
encore, je l'accueillerai, quel qu'il soit, avec une satis-

faction égale, parce que, dans toute hypothèse, la vérité aura reçu un solennel hommage.

Je ne prolongerai pas davantage ce fâcheux débat ; le
public, qui a été trompé, est suffisamment éclairé ; et je
termine en déclarant que je n'accepte à aucun titre la
responsabilité de tout ce que cette double manifestation
des faits et de mes pensées pourra inspirer et faire dire
ou écrire. — Que les conséquences de ma défense re-
tombent sur ceux qui l'ont provoquée. — C'est justice.

L'Abbé G. SABATIER,

VI.

Je n'ajouterai aux détails qui précèdent que deux circonstances bien propres à caractériser d'une manière
plus complète la position que mon dévouement à la vérité m'avait faite.

1° Il est pour moi hors de doute que si j'étais mort
avant toute publication, et que, par l'effet d'un événe-
ment possible, les documents inédits dont j'avais déjà
révélé l'existence et fait pressentir la portée eussent été
détruits, mon nom restait attaché à l'histoire de cette cause
comme celui d'un *faussaire* (1).

2° Un an après la publication de mon travail, c'est-à-

---

(1) Ne pouvait-il pas, en effet, arriver à ces documents ce qui est
arrivé plus tard à une copie que j'en avais faite, et à tous les ouvra-
ges imprimés relatifs à l'importante question des règles, que je m'é-
tais laborieusement procurés. — Dans l'intérêt de la cause à laquelle
il se rattachait, j'avais confié le tout à une personne qui n'a pas
pu m'apprendre comment ce dépôt avait entièrement disparu.

dire en 1844, sa réfutation fut annoncée par le prospectus suivant, distribué avec profusion à la porte de toutes les églises de Bordeaux, un jour de dimanche, et au moment de la sortie des Offices :

> Lacum aperuit et effodit eum :
> Et incidit in foveam quam fecit.
> Ps. 7. — v. 16.

Dans un siècle où la presse est un levier d'une force immense, où la publicité donne aux moindres questions une importance d'autant plus grande que, reproduite à l'infini, la vérité ou l'erreur se propage avec la rapidité de l'éclair et se transmet aux générations futures, il est absolument nécessaire, il est même du devoir de l'homme de bien d'empêcher que le mensonge ou l'erreur ne puisse s'enraciner : de le poursuivre à outrance et de le combattre partout où il se trouve ; de faire, en un mot, triompher la vérité !

C'est là la raison déterminante qui nous a mis la plume à la main.

Un prêtre qui occupe une place marquée au milieu du clergé de Bordeaux, qui, en sa qualité de professeur d'éloquence sacrée à la Faculté de théologie, plus que tout autre a le droit d'être cru sur parole, *M. l'abbé Sabatier*, oubliant ce qu'il devait à son caractère, à la vérité, a lancé une brochure, — que nous nous abstiendrons de qualifier ici, — pour contester à Mme DE LESTONNAC, FONDATRICE DE L'ORDRE DE NOTRE-DAME : et le titre de FONDATRICE et les droits à la CANONISATION qui aurait dû lui revenir sans conteste. — Dans ce singulier ouvrage, il a cherché à rendre incertains ou à présenter comme erronés les faits les mieux établis, à dénaturer enfin les actions et les intentions les plus pures et les plus SAINTES.

Il est donc impossible de laisser sans réponse un pareil

libelle, car cette œuvre restant sans réfutation, la sainteté de la vie de Mme DE LESTONNAC est à jamais méconnue, et l'ORDRE entier des religieuses de NOTRE-DAME sous le poids d'une accusation grave, puisqu'il aurait cherché à faire inscrire au martyrologe un nom indigne d'y figurer, et de proposer à la vénération et au culte des Fidèles ce qui n'aurait mérité ni leur respect, ni leur dévotion.

De plus, autant qu'il était en lui, *M. l'abbé Sabatier* a voulu ravir à la ville de Bordeaux une illustration qui était son patrimoine, en ternissant une vie remplie devant Dieu et devant les hommes par de généreuses pensées et de grandes actions; faire enfin d'une femme d'un mérite éminent une femme ordinaire. — Née à Bordeaux, enfant de Bordeaux, Mme DE LESTONNAC n'aurait dû trouver dans sa ville natale, théâtre de ses vertus et de ses grandes œuvres, que des admirateurs, et dans cette même ville il s'est trouvé un homme qui a cherché à détruire cette grande célébrité!

Ainsi, rétablir la vérité méconnue, venger Mme DE LESTONNAC et l'ORDRE DE NOTRE-DAME d'accusations injustes et inconvenantes, rendre à la ville de Bordeaux une célébrité qui lui revient, tel est le but de cet opuscule.

Le public bordelais, ami de la vertu, appréciateur du vrai mérite, nous aidera, sans doute, à remplir cette tâche; et sans s'arrêter à la forme sous laquelle elle se présente et le laps de temps qui s'est écoulé entre la publication de la brochure de *M. l'abbé Sabatier* et la RÉFUTATION, chacun voudra connaître la vérité tout entière sur Mme DE LESTONNAC et chercher à la propager.

Aussi, avons-nous pensé ne pouvoir rien faire de plus agréable aux BORDELAIS que d'ouvrir une souscription pour couvrir seulement les frais d'impression de l'ouvrage que nous annonçons. — Ce mode de publication, la modicité du prix fixé à UN CENTIME la page, nous ont paru devoir être le plus utile, parce que de cette manière la vérité pénétrera plus avant dans les masses.

Nous n'avons rien négligé pour que la beauté du papier et la netteté des caractères pût ajouter encore à l'intérêt que ne pourra manquer d'inspirer le sujet de cet ouvrage. — Est-il un Bordelais qui ne s'empresse, en souscrivant à cet opuscule, d'arracher le voile que l'ignorance ou l'irréflexion d'un étranger a jeté sur les mérites d'une des plus grandes illustrations de sa ville.

Nota. — Les Souscripteurs ne paieront qu'en recevant le volume.

Bordeaux. — Imprimerie de Cruzel, rue des Ayres, 28.

Un écrivain bordelais crut devoir adresser à un des journaux de la ville, sur ce curieux prospectus, les réflexions ci-après.

A M. le Rédacteur du MÉMORIAL BORDELAIS.

MONSIEUR,

Il y a des gens qui traitent la *vérité* comme la dernière des choses. Telle est la pensée qu'a fait naître en moi le *prospectus* qu'on vient de répandre à profusion, dans le but d'annoncer une *réfutation* de la brochure que M. l'abbé Sabatier a publiée, il y a plus d'un an, sur Mme de Lestonnac, fondatrice de l'Ordre de Notre-Dame.

Il serait difficile de porter plus loin qu'on ne l'a fait dans cet étrange *prospectus* l'oubli de tous les égards, de toutes les convenances. Si le livre de 350 pages in-8°, qu'on appelle un *opuscule,* et qu'on annonce en style du plus mauvais goût, ressemble au *specimen* que je viens de lire, ce sera bien, vraiment, l'œuvre la plus étrange, la plus curieuse qui soit jamais sortie de la plume d'un homme, se jouant tout à la fois de la vérité et de l'honneur d'autrui.

Mais en attendant que cette *réfutation*, d'avance tant vantée, paraisse, si tant est qu'elle paraisse jamais, on a lieu de s'étonner que sous le voile de l'anonyme, — ce qui est peu honorable, — il se soit trouvé quelqu'un d'assez hardi pour oser jeter ainsi le mépris et l'injure à un homme de beaucoup d'honneur et de franchise, à un prêtre qui jouit de l'estime de ses supérieurs et de la considération de tous, et qui n'a cherché qu'à éclairer les juges ecclésiastiques, appelés à prononcer sur une affaire d'une grande importance.

IL EST FAUX que M. Sabatier *ait cherché à rendre incertains ou à présenter comme erronés les faits les mieux établis, à dénaturer enfin les intentions les plus pures et les plus saintes.*

Quiconque lira attentivement la brochure de M. Sabatier, reconnaîtra que l'auteur se contente de rapporter les témoignages, souvent contradictoires, des historiens qui ont écrit la vie de Mme de Lestonnac; do les comparer entre eux, et de faire connaître des documents dont on lui doit la découverte. Certes, en une matière aussi grave, c'était bien le droit de M. Sabatier, c'était même son devoir.

Aussi il est plus que probable que cette *réfutation* ne réfutera rien, et que ce qu'on appelle, avec une suprême inconvenance, un *libelle*, restera comme un témoignage inattaquable de probité, de bonne foi et d'un grand amour de la vérité historique, dont l'auteur du *prospectus* se joue si étrangement.

Agréez, etc.   BOUTIN.

Bordeaux, le 4 mai 1844.

M. le Procureur du Roi crut à son tour devoir répondre par la voie judiciaire à ce singulier écrit. L'auteur qui, loyalement, se fit connaître, fut traduit et condamné en police correctionelle.

J'ai, jusqu'à ce jour, inutilement attendu l'opuscule de 350 pages, à un centime la page, dans lequel il devait être fait bonne et éclatante justice de l'ignorance et de l'irréflexion d'un étranger coupable d'avoir voulu ravir à la ville de Bordeaux une illustration qui est son patrimoine, en faisant d'une femme éminente une femme ordinaire.

VII.

M. Barrier, dans le numéro de l'*Univers* du 20 septembre, accusait en ces termes la réception de ma première lettre :

« M. l'abbé Sabatier, Doyen de la Faculté de théologie » de Bordeaux, nous adresse une lettre que nous publions » en la faisant précéder des observations qui l'accompa- » gnent dans une feuille de cette ville où elle a déjà paru. » Ce sera le moyen de rendre plus complète la répara- » tion que nous lui devons. »

L'insertion de ma lettre était suivie des considérations suivantes :

Nous n'avons aucune peine à constater la méprise du traducteur dont M. l'abbé Sabatier a à se plaindre. Quelque soin qu'il y mette, un journal n'est jamais complètement à l'abri de ces accidents, et tout ce qu'on peut raisonnablement exiger de lui, c'est, lorsque l'erreur commise a des consé-quences fâcheuses, comme dans le cas présent, de se mon-trer prêt à la réparer. Nous le faisons en publiant les pièces qui précèdent, et nous ajouterons que pour ceux de nos lecteurs dont l'opinion importe surtout à M. l'abbé Sabatier, que pour le clergé, nous l'avions fait d'avance, puisque nous avions mis le texte du décret en question au bas de la traduction que nous avons eu le tort de ne pas vérifier. M. l'abbé Sabatier paraît douter de notre empressement à lui donner satisfaction, et même il se laisse aller jusqu'à insinuer le soupçon que la méprise pourrait bien n'avoir pas été tout à fait involontaire : voilà ce qui nous fâche. Nous n'avons pas l'honneur de connaître M. l'abbé Sabatier; son nom et l'existence de son mémoire ne nous ont été révélés que par le décret de la Sacrée Congrégation des Rites ; comment la moindre idée d'hostilité ou de malveillance contre sa personne aurait-elle pu nous tomber dans l'esprit ? Nous espérons donc qu'il voudra bien agréer l'expression de nos regrets et croire que nous n'avons pour lui que les sentiments les plus inoffensifs.

Cela dit, il voudra bien nous permettre de ne pas partager en tout son opinion sur le sens et la portée du décret de la Sacrée Congrégation des Rites. Le texte porte : ... *Sensit... causæ postulator necessitatem impositam sibi fuisse argumenta a Sabatier objecta penitus diluendi si suum causæ fixum immotumque perstare vellet fundamentum, et quæstioni de virtutibus expeditam sternere viam.* Ainsi, pour que la cause eût une base solide et pour qu'il fût possible d'obtenir que la Congrégation passât à l'examen des vertus de la vénérable servante de Dieu, il fallait détruire complètement les arguments présentés par M. l'abbé Sabatier. C'est pourquoi, persuadé que le jugement sur les vertus devait être précédé comme d'une discussion préliminaire sur la valeur des arguments rassemblés par M. l'abbé Sabatier dans son mémoire : *Ratus hinc judicio de virtutibus præmittendam esse veluti præliminarem discussionem de vi argumen-*

torum a Sabatier in suo libello congestorum, le postulateur, d'accord avec le promoteur de la foi, demanda à la Sacrée Congrégation de prononcer sur la question de savoir si les témoignages historiques et la tradition attaqués par M. l'abbé Sabatier font tellement foi et autorité, que, mettant ces attaques complètement de côté, on puisse en toute sécurité procéder aux actes ultérieurs pour le jugement futur sur les vertus : *An historicis et traditioni a R. D. Sabatier impetitis, ita fides et auctoritas constet, ut ejusdem animadversionibus plane sepositis, tuto procedi possit ad ulteriora in futuro judicio de virtutibus*. La Congrégation a répondu *affirmativement*.

Mais cela n'empêche pas de reconnaître que le *mémoire* de M. Sabatier ne peut en aucune façon être assimilé à ce qu'on appelle en français un *libelle*, ni de penser qu'il l'a écrit dans les intentions les plus droites et avec le seul désir de la plus grande gloire de Dieu. »

VIII.

L'*Univers* n'avait pas cru devoir ou pouvoir insérer ma seconde lettre, qui, du reste, ne lui était point directement adressée. — Je n'en devais pas moins me montrer satisfait par l'accueil fait à la première.

J'eus donc l'honneur d'écrire à M. Barrier une dernière lettre ; mais, pas plus que la précédente, elle n'a trouvé place dans les colonnes du journal, source innocente mais réelle de l'outrage trop évident qui m'avait été fait.

Bordeaux, 22 septembre 1858.

*A M. Barrier, rédacteur du journal l'*Univers.

Monsieur, vous avez répondu à l'appel que j'ai fait à votre loyauté et à votre justice. — L'incident fâcheux qui m'a fait prendre la plume est donc vidé.

Vous me permettrez, cependant, de vous faire remarquer que si nous apprécions d'une manière différente le sens du décret rendu par la Sacrée Congrégation des Rites, c'est qu'il renferme un mot auquel nous n'attachons pas la même signification. Ce mot est celui de *sepositis*, appliqué à mes *considérations critiques*.

Vous avez cru pouvoir le traduire par *écartées* et je prétends qu'il ne peut signifier et ne signifie autre chose que *réservées ou mises à part*. Vous ne pouvez manquer de comprendre que l'on ne revient pas à ce qu'on *écarte pleinement;* tandis qu'on reprend ce qu'en *totalité* on a *mis à part ou en réserve* (1).

Votre traduction ne laisserait-elle pas encore à désirer, lorsque vous rendez *tutò* par *en toute sécurité ?* Il peut trèsbien être que la Sacrée Congrégation n'ait point exigé, pour

---

(1) Les arguments dont mes appréciations personnelles ne sont qu'un faible accessoire, et que ma publication renferme, consistent, je le répète, dans le désaccord des historiens entre eux, dans l'opposition de leur témoignage avec le dire des documents inédits et dans la circonstance bien établie que pas un n'a eu connaissance des ressources renfermées dans les archives de l'Archevêché.

On comprend, dès-lors, que pour assurer la cause qu'il poursuit, le Postulateur, en cela d'accord avec le Promoteur de la foi, ait demandé à la Sacrée Congrégation des Rites de se prononcer sur la question de savoir si l'histoire et la tradition, dans les conditions qui leur sont faites par le contenu de mon opuscule, font tellement foi et autorité, qu'en réservant pleinement les faits sur lesquels tombent et ces désaccords et ces oppositions *on puisse encore avec sécurité procéder aux actes ultérieurs.* La Sacrée Congrégation a répondu *affirmativement.*

Serait-il bien possible de trouver à ce Rescrit un autre sens : alors qu'il est le seul qu'autorisent et la signification littérale des mots et la nature des choses ?

Toute autre interprétation supposerait qu'après un examen détaillé de tous mes arguments il a été décidé qu'il n'en est pas un seul qui ne doive être repoussé *planè sepositis.*

autoriser l'ouverture de la procédure ou des débats, *toute la sécurité* qu'elle exigera pour le prononcé de ses arrêts.

Faites-moi la grâce, monsieur, de ne point croire que je cherche, en aucune façon, à éluder la décision d'un Tribunal aux jugements duquel je sacrifierais toujours avec empressement et joie mes personnelles appréciations.

Pour moi, la discussion est avec vous arrivée à son terme. Le sérieux et l'honorabilité de mon opuscule ne peuvent aujourd'hui être mis en doute par personne Vous avez aidé à l'établir, et je me plais à vous en dire ma gratitude.

Je laisse donc tomber ma plume pour ne la reprendre, en temps utile et opportun, que sur les questions historiques que mon consciencieux travail a soulevées, et sur lesquel-

---

Franchement, ne serait-ce pas un miracle dans l'ordre moral, qu'un homme, d'une intelligence ordinaire, après avoir consacré des années entières à l'étude de quelques questions historiques, n'eût pas su soustraire, *une seule fois*, ses appréciations, ses affirmations, et ses dénégations à une légitime répulsion, *planè sepositis ?*

Ne faudrait-il pas dire encore que la Sacrée Congrégation a décidé que les historiens sont d'accord, alors que je signale leur évident désaccord ; et lorsque je constate les contradictions qui existent entre les historiens et les documents inédits, la Sacrée Congrégation aurait donc décidé que ces contradictions n'existent pas ou, du moins, que malgré elles, les historiens ont dit vrai en tout et pour tout ?

Très-évidemment non ; et cependant le *planè sepositis* de *l'Univers* ne signifierait pas autre chose.

Je me crois autorisé à penser que si les dispositions d'esprit dans lesquelles a été fait mon travail, eussent été connues de la Sacrée Congrégation, comme elles le sont en ce moment du lecteur, ces paroles du Rescrit : *dans lequel il s'efforce de détruire le double fondement de cette cause ;* auraient été remplacées par les suivantes ou autres équivalentes : *dans lequel il a cru devoir réunir tout ce qui lui a paru de nature à porter la lumière dans la question de l'autorité, pour lui douteuse, de l'histoire et de la tradition.*

les, par le fait de nouvelles découvertes, je n'ai point dit mon dernier mot.

Je ne doute pas que vous n'acceptiez fraternellement la main qu'affectueusement je vous présente, et que vous n'ayez foi à la sincérité des sentiments respectueux et distingués avec lesquels j'ai l'honneur d'être, monsieur, votre très-humble et obéissant serviteur.

L'abbé G. SABATIER.

CONCLUSION.

En publiant l'opuscule portant ce titre : *Considérations critiques pour servir à l'histoire de l'Ordre de Notre-Dame et à la vie de Mme de Lestonnac sa fondatrice*, j'ai fait un acte honnête et loyal, usé d'un droit incontestable, et de plus accompli consciencieusement un rigoureux devoir.

C'est tout ce que j'avais à établir pour le moment, ma première tâche est donc accomplie.

L'ABBÉ G. SABATIER.

Missionnaire apostolique, — Chanoine honoraire de Viviers et de Bordeaux, — Professeur et doyen à la Faculté de théologie de cette dernière ville.

POUR PARAITRE PROCHAINEMENT :

La Vérité

dans l'histoire de la fondation de l'Ordre des religieuses Filles de Notre-Dame.